Unvergesslicher Chicco

Manfred A. Wagenbrenner

Bibliografische Information der Deutschen Nationalbibliothek:
Die Deutsche Nationalbibliothek verzeichnet diese Publikation in der Deutschen Nationalbibliografie, detaillierte bibliografische Daten sind im Internet über dnb.dnb.de abrufbar.

Aufgenommen in die Sammlung der Schweizerischen Nationalbibliothek
NB Bern, 2023

© 2023 Manfred A. Wagenbrenner
Herstellung und Verlag:
BoD – Books on Demand, Norderstedt

ISBN: 9783757861094

Lieber Chicco,
Du bist jetzt im Hundehimmel,
doch ich werde Dich immer
in meinem Herzen tragen

Papi
und alle die Dich kannten und
liebgewonnen haben

Unvergesslicher Chicco

Husch...! was war das, frage ich meinen Sohn. Das ist Chicco, unser kleiner Hund, der da an dir vorbeiflitzte, lachte er. Einen Schatten nur, habe ich gesehen, aber es war die erste Begegnung mit Chicco, dem kleinen Mischling, der mir kurz darauf so ans Herz gewachsen ist.

Einige Tage später fragte mich mein Sohn, ob wir den Kleinen über ein Wochenende zu uns nehmen könnten. Gerne willigten wir ein, und lernten so den munteren, lebhaften Chicco kennen. Er war ein liebenswerter kleiner Kerl, er akzeptierte vom ersten Augenblick an unsere beiden Perserkatzen und vertrug sich mit den beiden so gut, als ob er sie schon immer kennen würde.

Als das Wochenende vorüber war, liessen wir Chicco nur ungern wieder von uns gehen.

Es vergingen einige Wochen, wir dachten nicht mehr an Chicco, als meine Schwiegertochter am Telefon fragte, ob wir jemanden kennen, der Chicco nehmen würde, ansonsten müssten sie den Kleinen einschläfern lassen, da er sich mit Jukka, dem Labrador, den mein Sohn und sie noch hatten, nicht vertragen würde. Es brauchte von uns kein langes Überlegen, wir entschlossen uns spontan, Chicco für immer zu uns zu nehmen. Also wurde Chicco am nächsten Tag zu uns gebracht und wir erfuhren, dass wir die sechsten Besitzer sein würden, und der Kleine Hund war noch nicht einmal ein Jahr alt - was für ein trauriges Hundeleben hatte der Kleine hinter sich. Chicco, der Terrier-Chiwawa-Mischling, zog also unter der Bedingung, dass wir ihn nie mehr und unter keinen Umständen abgeben würden, bei uns ein.

Chicco fühlte sich bei uns sofort wohl, keine Spur von den schlechten Tugenden, von denen meine Schwiegertochter noch gewarnt hatte «er stiehlt alles; frisst alles; wenn man nicht aufpasst, macht er alles kaputt; folgt nicht usw.» Chicco war kurz gesagt «einfach rundum lieb» - ein wahrer Schatz! Die Bereicherung in unserem Leben.

Ja, selbst das Futter der beiden Katzen hat er erst angerührt, nachdem sich die beiden gesättigt von ihren Näpfen zurückzogen. Dann aber futterte er das, was die beiden übriggelassen hatten, mit sichtlichem Wohlgenuss, bis auf den letzten Krümel.

Nach etwa zwei Wochen kam mein Sohn auf einen kurzen Besuch zu uns - und Chicco war weg. Verschwunden und nicht mehr zu sehen. Nach mehrmaligem Rufen kam er zögernd, mit eingezogenem Schwanz und hängenden Ohren zu uns und stellte sich ganz nahe hinter mich, er hatte offensichtlich Angst, dass er wieder zurückgeholt würde. Als mein Sohn wieder weg war, war Chicco wieder ganz der Alte - Huch, die Gefahr einer vermeintlichen Entführung war vorüber, er musste uns nicht verlassen. Sein Verhalten zeigte uns eindeutig «hier bei euch geht's mir gut, hier bei euch will ich bleiben».

Es war uns klar, dass er sich bei uns wohlfühlte, wofür wir ihm natürlich auch Anlass gaben, denn er wurde in jeder Beziehung verwöhnt. Er bekam jede Menge Streicheleinheiten, freute sich über ausgelassenes Spielen, ausgedehnte Spaziergänge und nicht zu vergessen, auch über feine Hundeläckerli. So gingen die ersten Tage dahin, Chicco unternahm Ausflüge in die unmittelbare Nachbarschaft. Wir wohnten in einem kleinen Ort, der nur aus einigen Häusern bestand und er kam immer, spätestens nach zehn Minuten, wieder zurück.

Es war ein dunkler, stürmischer und regenreicher Abend und ich ging mit Chicco, weil es nun mal vor dem Schlafengehen sein muss, nochmal Gassi. Auf der kleinen Nebenstrasse, nahe beim Haus, trafen wir unseren Nachbarn, mit dem ich mich über dieses «Hundewetter» austauschte. Wir verabschiedeten uns und - der Hund war weg. Ich rief laut seinen Namen, lief voller Panik, denkend dass Chicco sich im Dunklen verlaufen hätte, die Strasse auf und ab, rauf und runter, vor und zurück und wurde dabei pudelnass. In der Dunkelheit konnte ich Chicco nicht sehen und so gab ich die Suche schlussendlich entmutigt und voller Angst um den Kleinen, auf. Als ich von der Strasse her, hinten bei der Terrasse ankam, glaubte ich meinen Augen nicht. Da sass Chicco, geschützt vor Regen und Wind, vor der Terassentür, wartete schwanzwedelnd auf mich und freute sich sichtlich, dass ich so schön Gassi gegangen war, «alleine»! Von wegen «Hundewetter» der schlaue Kerl hatte im trockenen Bereich abgewartet, bis ich meinen etwas unfreiwillig ausgedehnten Rundgang beendet hatte. Schön clever von ihm, ganz schön dumm von mir. Na, warte Kleiner, mich so zu verarschen, das werde ich dir heimzahlen.

Die Gelegenheit dafür kam, als der erste Schnee fiel. Chicco ging mit mir auf die windgeschützte Terrasse und schaute sich die weisse Pracht skeptisch und mit respektvollem Abstand an. Jetzt war der Zeitpunkt für meine Rache gekommen. Ich hob den Kleinen hoch und stellte ihn mitten in den Schnee. Was jetzt geschah kann man mit Worten kaum beschreiben. Der Schwanz senkte sich zwischen die Beine und versteckte sich dort, die Ohren wurden eng an den Kopf gelegt, als seien sie gar nicht mehr da. Seine schönen Rehaugen wurden gross und grösser und drückten echte Panik aus. Stocksteif stand der kleine Hund nun da, sich in sein Schicksal ergebend. Mit einem armseligen, Steine erweichenden Blick, schaute er hilfesuchen um sich. Bitte hilf mir, schrie sein ganzer Körper, bitte hilf! Jetzt tat mir der kleine Racker doch sehr leid und es war nun höchste Zeit, dem Spuk ein Ende zu bereiten und ihn aus dem grausigen Schnee zurück auf die sichere Terrasse zu stellen. Sichtlich erleichtert zog er sich nun, so schnell es ging, in die Wohnung zurück, wo ihn zum Trost einige Hundeläckerli verabreicht wurden. Aus sicherer Entfernung schaute er sich nun durch das Glas der Türe geschützt, das unheimliche weisse Zeug an, das er, als er es erst einmal richtig kennenlernte, innig liebte.

Schnee war das Grösste. Man konnte darauf umherspringen, hineintauchen, gelbe Flecken hinein malen, Schneeflocken jagen, fangen und fressen, spuren erschnüffeln und was auch grossartig war, weite Bögen rennen, dass es nur so staubt. Ja, wenn man denkt, wie seine erste Begegnung mit dieser weissen Pracht verlief, war das kaum zu glauben. Wenn es mit Wasser nur auch so wäre. Wasser, igitt, das ist nass, macht kalte Füsse und taug wirklich nur zum Trinken. Ja, dafür wars gut, selbst die kleinste Pfütze hatte eine riesige Anziehungskraft und das Wasser darin musste unbedingt gekostet werden.

Halt! Halt! Also jetzt will ich auch einmal zu Wort kommen! Da wird alles Mögliche über mich geschrieben, also, alles stimmt so wirklich nicht, da muss ich doch ganz vehement dagegen protestieren! Zum Beispiel das mit dem ersten Schnee. Das hat sich ganz anders zugetragen. Es war zwar meine erste Begegnung mit dem weissen Zeug, aber ich ging mutig und ganz freiwillig hinaus, vor die Terrasse. Ich stellte mich tapfer in Schnee und Wind, trotzte diesem, richtete meinen Schwanz und die Ohren senkrecht nach oben und stand da, stolz wie mich meine mir unbekannten Eltern geschaffen haben, ja, so wars!

Apropos Eltern, ich möchte mich euch nun einmal kurz vorstellen. Mein Name ist Chicco, Chicco, von und zu Trottoir, Stadtadel aus Deutschland, stolzer Terrier-Chiwawa-Mischling.

Einen Stammbaum habe ich auch, er steht unweit der Terrasse und hat immer schöne, grüne Blätter. Ich wurde am 24. 09. 2007 geboren, also ich bin fast ein Jahr alt und beinahe erwachsen. Mein Vater hat meine Mutter vor meiner Geburt verlassen und ihr wurde ich schon sehr früh weggenommen.

Zu fünf verschiedene Frauen kam ich nacheinander. Sie wollten mich zuerst und dann doch nicht mehr. So kam ich jetzt, nach knapp einem Jahr zu meinen neuen Eltern, die lieben mich und ich liebe sie, forever! In diesem einen Jahr wurde ich nach und nach geimpft, entwurmt, getschippt und, oh weh, kastriert. So viel ich mitbekommen habe bedeutet das, dass man nicht mehr müssen, möchten, sollen darf. Also verstehe das wer es will, ich verstehe es nicht, und Papi kann ich auch nicht werden, nun, was solls, gibt's schon keinen Ärger mit den Kids.

So, jetzt habe ich mich einmal zu Wort gemeldet und so einiges aus meiner Sichtweise beschrieben. Jetzt gebe ich euch erst mal wieder an Papi weiter, der schläft schon gleich ein. Ich summe Euch noch schnell mein kleines Lied, das ich ihm, damit er mir ein Läckerli gibt, immer vorsinge. Also rückt mal ein bisschen näher es geht so:

«Nimm mich zärtlich in die Arme, denn ich hab' dich ganz toll lieb. Möchte Deine Nähe spüren, denn ich hab' dich doch so lieb. Fühl in mir die heisse Sehnsucht, Sehnsucht nach dem was Du mir gibst. Nimm mich zärtlich in die Arme, denn ich hab' dich doch so lieb».

Gell, das ist schön - aber pst, jetzt muss ich Schluss machen, Papi schaut schon zu mir rüber.

Ich schick Euch einen heimlichen Kuss und bitte, verratet Papi nichts von unserem Gespräch, er braucht von unseren Heimlichkeiten nichts zu wissen.

Unweit unserer Wohnung ist ein ruhiger Feldweg, links Wald, rechts Weideland. Schönes Grasland mit einem Viehzaun, der den Weg von der Weide trennt, auf der sich einige Kühe, das saftige Gras schmecken lassen. Chicco geht voraus, schaut nach links, schaut nach rechts und sieht sich interessiert die Kühe an, es sind wahrscheinlich die ersten in seinem jungen Leben. Dabei kommt er dem elektrisch geladenen Draht immer näher. Wir rufen ihn noch warnend «Chicco bleib»! zu, doch es war schon zu spät. Er berührt den Draht, jault laut auf, macht vor Schreck einen gewaltigen Satz zur Weg Mitte und steht erstmal am ganzen Körper zitternd da. Er ist so geschockt, dass er erst nach reichlich gespendetem Trost, verbunden mit Streicheleinheiten und Läckerlis bereit ist, weiterzugehen, allerdings so perfekt bei Fuss, wie schon lange nichtmehr. Er weicht uns nicht mehr von der Seite. Diese Begegnung mit dem Elektrozaun prägte sich für immer in sein Gedächtnis ein. Sobald er einen Draht sah, machte er einen grossen Bogen darum. Nie mehr kam er einem solchen näher als einen Meter, eben «learnig bei duing»!

Wir fahren nach Oberbayern. Chicco ist natürlich auch dabei. Mein Nissan 350 Z ist ein Zweisitzer, hinten mit Not Bank und Schrägheck mit Heckklappe. Also jedes mehrtägige verreisen mit allem, was nötig war, bedurfte einer logistischen Höchstleistung, um das gesamte Gepäck unterzubringen und, zuoberst, in seinem Nestchen, thronte Chicco. Durch das Heckfenster und die Seitenfenster hatte er die optimale Rundumsicht.

Jeder Stau war willkommen, er konnte dann mit den Insassen der nachfolgenden, oder vorbeifahrenden Fahrzeugen, Kontakt aufnehmen. Er wedelte mit dem Schwanz, bewegte seinen Kopf mal hierhin mal dahin, wie ein Wackeldackel und die Personen, in den anderen Fahrzeugen, die ihm zuwinkten, flirteten mit ihm und er flirtete, mit seinen grossen Rehaugen, zurück. Chicco war die Show.

Als wir so das erste Mal mit Chicco ankamen, wurde von ihm natürlich sofort der Garten und das Haus erkundet. Von der Nachbarhündin, einem Riesenschnauzer-Verschnitt wurde er sogleich freudig begrüsst. Das war ein rein und raus, Treppauf und Treppab, Wasser-schlappern und Läckerli futtern.

Als nun die Schlafenszeit gekommen war, wies ich Chicco seinen Platz in seinem Nestli, neben dem Bett an. Doch husch, schon war er auf unserem Bett und kuschelte sich in die Zudecke. Das geht ja gar nicht, ich nahm ihn und setzte ihn zurück, in sein Nest, Ordnung muss sein. Tja, da hatte ich die Rechnung ohne seine «Mammi» gemacht. Der arme Hund, es ist doch noch so klein und es ist doch so kalt, und im fremden Haus und, und, und, also hinauf mit ihm. Das war nun der Anfang von der Angewohnheit Chiccos, im Bett zu schlafen.

Wir gehen mit Chicco zum Impfen. Die Tierärztin untersucht den kleinen Kerl und stellt fest, dass er einen angeborenen Herzfehler hat, der ihm später einmal Probleme bereiten könnte. Das ist keine schöne Nachricht, aber nach dem ersten Schock vertrösteten wir uns darauf, dass es «später sein könnte» und vielleicht würde bis «später» alles gut. Leider wie wir, als Chicco alt wurde erleben mussten, war der Herzfehler schlussendlich schwererer, als wir je gedacht hatten.

Wir wurden zum Nachmittag- Kaffee eingeladen. Es waren ausser uns, noch einige Damen der anwesend, die den Backwaren reichlich zusprachen. Da, ein Duft, der so gar nicht in die Runde passte. Alle behaupteten sofort, dass es Chicco gewesen wäre. Chicco hatte noch nie gepupst, doch des lieben Frieden Willen ging ich, obwohl mir klar war, dass eine dieser Damen, «Gas abgelassen hatte» und dies dem armen Hund, der sich nicht wehren konnte, zuschob, mit Chicco eine völlig unnötige Runde Gassi.

Einmal war meine Tochter mit ihrer Chiwawa-Dame bei uns zu Besuch. Es ging der kleinen Hündin nicht gut und wir brachten sie zur Tierärztin. Dort musste ihr ein Zahn gezogen werden. Zurück im Haus spürte Chicco sofort, dass es seiner kleinen Freundin nicht gut ging. Er kam zu ihr, schmiegte sich an sie, bis er merkte, dass es ihr wieder besser ging. Auch danach hat er sich andauernd fürsorglich um sie gekümmert.

Also, so, eine Frechheit! Unverschämt war das! Die haben mich beschuldigt, zu stinken, aber ich wars, mein Ehrenwort, nicht! Der Gestank kam von einer dieser Frauen, die sich, weiss Gott was und wer sie wären, einbildeten. Keine hatte den Mut einzugestehen, was ja in den besten Familien mal vorkommen kann, dass Ihr ein Düftchen entwichen war. Ich bin sauer, am liebsten würde ich denen heute noch mal kräftig in den A... ä, Hintern beissen, da geh ich nie wieder hin!

Einen Herzfehler soll ich haben. He, habt ihr schon mal gesehen, wie ich rennen kann, keine Krähe ist von mir sicher, kein Weg ist mir zu lang und kein Berg zu hoch. Herzfehler, pah, wer glaubt denn sowas?

Ja, wenn der kleine Chicco in die Zukunft sehen könnte. Von den Auswirkungen seines Herzfehlers und seiner fortschreitenden Demenz ahnten, weder er noch wir, zu diesem Zeitpunkt nichts, aber davon später.

Ein befreundetes Ehepar hatten eine Hündin, doppelt so gross wie Chicco. Sie war die grosse liebe von Chicco und er die ihre. Chicco führte sie, wenn sie bei uns zu Besuch war, durch Haus und Garten, zeigte ihr alles und jedes und teilte sein Futter mit ihr. Umgekehrt war das ebenso. Chicco wurde rund ums, und ins Haus geführt und erhielt von ihr, was immer an Leckereien vorhanden war. Ein Herz und eine Seele, ja, es war die Liebe zwischen zwei Hunden, eine Liebe fürs Leben.

Wir gehen mit Chicco den Höhenweg, oberhalb der Gemeinde. Man sieht von da über den ganzen Ort, die Bahnlinie, die Strasse und den Fluss hinweg. Die Aussicht ist wunderschön. Auf diesem Weg lässt sich wunderbar «bleib!» üben. Das geht so: Chicco Sitz (macht er), Chicco bleib (sollte er machen), ich gehe langsam weiter und bevor er mir von allein nachläuft, kommt der Befehl «Chicco komm!».

Erst schaffen wir es nur ein paar Meter, dann kann ich mich immer weiter entfernen und auf das erlösende Wort «komm» startet er dann, aber wie: Er rast förmlich auf mich zu, an mir vorbei und zu mir zurück, warum zurück? Na, dann gibt's doch das wohlverdiente Belohnungs-Läckerli.

Zuhause üben wir Chicco «pfui»! Ich lege ein Läckerli oder noch besser seinen innig geliebten Kauknochen, mit dem Befehl, «Chicco pfui!» vor ihn hin. Nun steht er da und wartet, mich voller Spannung anschauend, auf den Befehl »nimm!«. Das lässt er sich nicht zweimal sagen. Sofort schnappt er sich den Leckerbissen und macht sich damit aus dem Staub.

Dies üben wir sehr oft, damit er nichts frisst, was gesundheitsschädlich für ihn sein könnte. Das hat er sich so verinnerlicht, dass er von keinem Fremden und schon gar nicht von der Tierärztin, ein Läckerli annimmt. Er verweigert alles, was er nicht von uns bekommt. Es versteht sich von selbst, dass ich auch zu jederzeit in seinen Futternapf greifen kann, oder auf den Befehl «aus!», etwas in seinem Maul Befindliches, heraus-nehmen kann.

Ich **werde geimpft.** Gegen Tollwut und andere Krankheiten, denn die Tollwutimpfung ist ganz wichtig. Ohne die darf ich nicht mit in die Schweiz. Papi hat dort eine Wohnung und einen See. Der See heisst «Obersee», weil er, wie ich denke, oberhalb vom Untersee anfängt und viel grösser als dieser ist.

Am Obersee gibt's jede Menge Schwäne und Möwen. Die Möwen kann ich so schön, indem ich am Ufer entlangrenne, verscheuchen. Bei den Schwänen geht das nicht, die fauchen mich böse an, und da lauf ich lieber weg.

Einmal war das Seeufer zugefroren. Die Menschen nennen das «Eis». Also, das war toll, ich konnte auf dem Wasser laufen, ohne nasse Füsse zu bekommen. Aber kalt wurden sie und rutschig wars auch. Also Eis würde mir schon gefallen, wenn's nur etwas wärmer wäre.

Wir **fahren nach Basel, es ist Herbstmesse.** Da gibt's Bratwürste. Bratwürste sind das Grösste, für den Hund und uns, seine Menschen, und so wird auch immer «Brüderlich» geteilt. Selbstverständlich verzichtet Chicco grosszügig auf die Bürli, oder das Brot, welches es dazu gibt. Diese Tradition hat sich bis zu seinem Lebensende erhalten.

Des Öfteren, am Samstag, holen wir uns die Würste am Stand im Einkaufcenter. Die nehmen wir dann mit in meine Wohnung, dann sitzt Chicco immer zwischen uns auf der Couch und wird abwechselnd, mal von links, mal von rechts, mit Bratwurst beglückt. Es gibt für den Kleinen nichts Schöneres.

Zurück nach Basel zum Jahrmarkt. Da wir nun unsere Bratwürste hinter uns hatten, schlenderten wir durch den Markt. Vor einem Messestand lag, ich weiss es nicht mehr, eine Katze oder war es ein Hund, in Lebensgrösse. Jedenfalls sah das Tier so natürlich aus, dass sich Chicco davon hingezogen fühlte. Er stellte sich vor das Tier, knurrt und bellte es an und war fast nichtmehr davon wegzubringen. Wir mussten so lachen, denn er glaubte wirklich, dass er ein lebendes Tier vor sich habe. Im Nu sammelte sich eine grosse Menschenmenge um uns und genoss das einmalige Schauspiel. Ja, wie sagt man so schön «Irren ist menschlich».

Ja Ja, lacht nur über mich! Wer hätte denn auch gedacht, dass es echte Tiere gibt, die keine echten Tiere sind und nur echt aussehen, ich nicht. Und überhaupt mag ich an all den Märkten nur die Bratwurst. Könnt ihr euch vorstellen, wie es ist, wenn man als kleiner Hund, durch so eine Messe oder einen Markt läuft. Legt euch mal mitten unter so vielen Menschen flach auf den Rücken und schaut nach oben. Mann nennt das dann «Froschperspektive». Was seht ihr da? Beine mit Schuhen dran, dicke Beine, dünne Beine, krumme Beine. Und was ist an den Beinen, na? Schuhe natürlich. Grosse, kleine, solche die spitz, wie Waffen sind, Schuhe in allen Farben, und was tun sie alle? «sie stinken»! Und nun schaut mal etwas höher. Was seht ihr da? Hosen, enge und weite, Röcke, kurze und lange, und was man unter den Röcken sieht, na? «Darüber schweigt des Sängers Höflichkeit». Versteht ihr mich jetzt, warum ich keine Märkte mag?

Meine Mutter ist verstorben. Sie ging wenige Tage vor ihrem neunzigsten Geburtstag von uns. Sie war schon mehrere Jahre hoch Demenz und wurde liebevoll von meiner Schwester, bis zu ihrem Tod, gepflegt.

Trotz ihrer Demenz hatte sie sich immer, wenn wir zu Besuch waren, über Chicco gefreut. »Hundele», hat sie ihn genannt und ihn dabei auf ihrem Schoss gehalten und dabei gestreichelt. Nun fuhren Chicco und ich zu ihrer Beerdigung.

In meinem Elternhaus fühlte sich Chicco schon immer heimisch. Ich konnte ihn ohne Probleme, während wir auf dem Friedhof waren, allein im Haus lassen. Am Abend, wir sassen alle noch im Wohnzimmer beisammen, stellte sich Chicco auffordern vor mich hin, ging in Richtung Treppe, lief diese hinauf bis an die Schlafzimmertür unserer Mutter, wartete, bis ich diese öffnete und legte sich, mit mir scheinbar zufrieden, in Omas Bett. Sie benutzte dieses schon einige Jahre nicht mehr, da sie wegen ihrer Demenz nicht mehr oben schlief. Ich ging wieder nach unten, er blieb oben und war auch noch da, als auch ich später zu Bett ging.

Ich bin mit Papi allein. Mami ist auf Kur. Wir haben eine sturmfreie Bude. Eigentlich zwei, eine in Bayern und eine am Bodensee. Aber was macht er daraus, nichts, wir leben wie immer. Ausser, dass wir Mami mehrmals besuchen, ist «Tote Hose» angesagt. Wenn wir bei Mami ankommen, renne ich sofort zu ihr, wir freuen uns alle übers Wiedersehen und ringsum freuen sich Leute, die ich noch nie gesehen habe, mit uns. Es sind Kolleginnen und Kollegen von Mami. Das ist schön aber auch nicht, denn wenn wir dann wieder abfahren müssen, sind wir alle traurig und Mami weint.

Einmal fährt Papis Tochter mit. Na, wenigstens etwas Abwechslung. Sie bringt ihren reinrassigen Chiwawa mit, der kläfft andauernd, eine richtige Nervensäge ist der. Aber alles geht einmal vorüber und heute holen wir unsere Mami zurück, ich freu mich riesig drauf, ich denk mal, Papi und Mami auch.

Heute ist Waschtag. Nein, nicht in der Waschküche, sondern in der Badewanne. Chicco ist dran, er muffelt und hat eine Wäsche mit Hundeshampoo dringend nötig. Nötig ist auch gutes Zureden, denn ihm schwant fürchterliches, als er ins Bad gerufen wird.

Es ist alles vorbereitet, das Wasser ist schön temperiert, das Shampoo steht bereit und Chicco lässt das Duschen mit der grössten Leider Miene, über sich ergehen. Vorwäsche, Hauptwäsche, dazwischen ein «Schleudergang» (er schüttelt sich) danach abrubbeln, föhnen und kämmen, das volle Programm. Nun hat er es überstanden, saust zum Bad hinaus und bekommt viel Lob und einige Läckerlis. Er ist ganz aufgedreht und man sieht ihm an, dass ihm das Duschen gutgetan hat. Ein schicker Junge ist er jetzt und fein riechen tut er auch.

Ja waschen lässt er sich nicht gerne, doch noch weniger mag er es, wenn man seine Zehennägel schneidet. Das ist immer eine Tortur, aber es muss sein und wenn wir fertig sind, ist er ganz happy und saust durch die ganze Wohnung, natürlich auch weil er weiss, dass er sich als Belohnung einige Läckerli verdient hat.

Auch Kämmen muss sein. Besonders die Unterwolle muss raus. Einmal geniesst er es, ein anderes Mal versucht er so schnell wie möglich zu verschwinden. Aber auch da ist es so, in Erwartung seiner Belohnung «für tapferes Verhalten», ist alles vorangegangene nur noch «Schnee von gestern».

Ja, Ja, duften! Was ihr Menschen unter fein riechen, versteht, ist für einen rechten Hund der reinste Horror. Ein Hund, der etwas auf sich hält, riecht, nachdem er sich im Freien im Dreck gewälzt hat, erst so richtig wie ein Hund zu riechen hat. Hundeshampoo, pah, Shampoo, welches Menschen für uns Hunde entwickelt haben. Was weiss der Mensch denn schon, «was Hunde lieben».

Und überhaupt habt Ihr leicht reden. Hat man Euch schon mal die Wolfskralle geschnitten, dann wisst ihr wie unangenehm das ist. Was, Ihr habt keine Wolfskralle, da könnt Ihr mir ja so richtig leidtun, ihr Armen, jeder Hund hat die.

Was nicht jeder hat, ist die Analdrüse, doch, eigentlich hat sie jeder Hund, aber ohne meine Probleme. Bei mir ist sie immer wieder mal verstopft. Dann muss sie von meiner Tierärztin ausgedrückt werden und das tut unverschämt weh, das könnt Ihr mir glauben.

Chicco mag keine Fliegen. Das ist reichlich untertrieben, er fürchtet sie. Taucht eine Stubenfliege im Zimmer auf, flüchtet Chicco sogleich in ein fliegenfreies Zimmer. Dort verkriecht er sich dann «fliegensicher» hinter oder unter allem, was ihm Schutz bietet. Zu allem Überfluss, zittert er dann noch wie Espenlaub. Dafür schnappt er nach Bienen, Wespen oder Hummeln, die doch weit gefährlicher für ihn werden könnten, aber das checkt er nicht.

Er hat mich zum «Fliegenfänger» befördert. Sieht er eine Fliege, schaut er mich bevor er flüchtet, auffordern an: So mach mal, fang sie, soll das heissen. Wenn ich dann ein erfolgreicher Fliegenfänger bin und glücklich eine erlegt, sprich gefangen, habe, fordert er seinen Teil an der Beute. Ja, da wird er zum Helden, er frisst sie todesmutig, selbst wenn sie noch krabbelt, auf. Na ja, jeder isst das, was ihm schmeckt und wie heisst es doch? «In der Not frisst der Teufel Fliegen». Wobei ich mich dagegen verwehre, Chicco mit dem Teufel zu vergleichen,

«Chicco ist ein Engel»!

In der Nachbarschaft gibt es einen Hund, nämlich eine Dackeldame. Chicco versteht sich überhaupt nicht mit ihr, sie ist ihm einfach zu lebhaft und zu aufdringlich.

Immer dann, wenn sie unterwegs ist, hört man das, durch ihr lautstarkes und anhaltendes Bellen, schon von Weitem. Wenn ich mit Chicco eine Runde gehe und, meistens ist es ihr Herrchen, das uns mit der lebhaften Dame entgegenkommt, versteckt sich Chicco hinter mir und ist heil froh, wenn das «Unheil» an uns vorüber geht.

Hat da jemand Dame gesagt? Mann, das ist ein aufdringliches Ding. Dame, ha, das ist sie wirklich nicht, vielleicht etwas dämlich. Eine Dame benimmt sich zurückhaltend, distanziert und verschwiegen, aber diese Worte kennt sie nicht. Sie ist eine verrückte, überaus lautstarke und rüpelhafte Draufgängerin. Eigentlich habe ich sie ganz gerne, wenn sie nur etwas ruhiger wäre, «die Dame».

Was solls, ich geh ihr halt, so gut wie möglich, unter dem Motto: Aus den Augen, aus dem Sinn, aus dem Weg.

Der Parkplatz am Campingplatz. Das war Chiccos Lieblings Lauf-Platz. Da konnte er sich, nicht so wie auf dem Seeweg, wo andauernd andere Hunde mit ihren Menschen, die es meist nicht für Nötig hielten, deren «Häufchen oder Haufen» zu entfernen, richtig austoben. Auch jede Menge «Turis» und Radfahrer blockierten, durch ihr entgegenkommen, oder voranschleichen, den sonst so schönen Uferweg.

Wir gingen, wenn es das Wetter zuliess, auf diesen Parkplatz. Chicco drehte dort seine Runden, traf hi und da auch mal einen Artgenossen, oder eine Artgenossin zu einem, gegenseitigen Beschnuppern und neugierigem Umkreisen. Danach war er immer gänzlich ausgepowert, aber zufrieden. Zuhause legte er sich, nachdem er erst einmal seinen Durst gestillt hatte, mit sich und der Welt zufrieden, ein Nickerchen haltend, in sein Nestchen.

Ab und zu fuhr ich auch allein, um Chicco diese Freude zu bereiten, mit ihm auf den Parkplatz. Bei einem der letzten Besuche dort, viel er plötzlich um und blieb kurz auf der Seite liegen. Ich erschrak, er stand aber sofort wieder auf und lief weiter und ich ging daher davon aus, dass er ausgerutscht sei. Doch weit gefehlt, das war sein erster Herzanfall, was ich damals noch nicht erkannte.

Seinen zweiten Anfall hatte er auf der Wiese vor dem Haus. Er ging um die Ecke, schrie plötzlich laut auf, und ich sah ihn weiterschreiend, auf der Seite, im Gras liegen. Ich nahm ihn sofort auf, ging mit ihm ins Haus und in die Wohnung hinauf, wo sein Frauchen sogleich dazu kam, und ihn tröstend in ihre Arme nahm, wo er sich dann auch langsam beruhigte. Unser Schreck war, ob diesem Vorfall riesig. Beide zitterten wir ebenso, wie der arme Chicco, der nicht wusste, was da mit ihm geschehen war.

Was war das denn? Ich schau um mich und sehe die ängstlichen Gesichter meiner beiden Menschen. Es war eben so dunkel um mich, und jemand hat laut gebellt oder geschrien, ich bin davon aufgewacht. Ich fühl mich auch etwas schwach und meine Beinchen zittern, das versteh ich nicht, ich kann doch sonst rennen, solange ich will, bei mir zittert nie etwas. Was ist denn los, ich versteh das nicht. Ich bin müde, will jetzt schlafen, vielleicht versteh ich es danach besser.

Wir besuchen an Ostern Amadeus. Also eigentlich meine Schwester und meinen Schwager.

Amadeus ist ihre neueste Anschaffung, ein «Labradudel». Wir freuen uns auf einige schöne, gemeinsame Tage, bei meinen Lieben. Doch leider kommt es anders. Amadeus will dauernd bei Chicco aufsteigen und lässt ihm keine Minute in Ruhe. Nur, indem wir Chicco für eine kurze Zeit ins Schlafzimmer »retten», bekommen wir etwas Ruhe.

Wir hoffen auf den nächsten Tag und dass sich Amadeus nun beruhigt hätte. Weit gefehlt, es wird eher noch schlimmer. Chicco läuft wie apathisch im Kreis um den Stubentisch und Amadeus steigt immer wieder auf. Das Ganze wir dermassen stressig, dass wir, so leid es uns allen tut, beschliessen, wieder abzureisen. Meine Schwester und Schwager hatten es so gut gemeint, als sie uns über Ostern einluden, und wir hatten uns auf ein paar schöne gemeinsame Tage gefreut, aber, «C'est la vie», es ging nicht anders.

Zuhause angekommen, begibt sich Chicco, wie er es immer macht, wenn wir länger weg waren, zuerst ins Wohnzimmer auf seinen runden Teppich, erst dann inspiziert er den Rest der Wohnung, um sich darauf in einem seiner Nestchen auszuruhen. Nun dauert es ca. drei Tage, bis sich Chicco wieder ganz erholt hat.

Wir fuhren mit ihm, darauf, wieder einmal zu dem schönen, durch den Wald führender Rundweg. Das ist Chiccos zweitliebteste Laufstrecke. Da lief er immer vor und zurück, schnupperte hier und da, und begoss so, indem er sein Beinchen lupfte, das eine oder andere Pflänzchen.

Heute war das anders. Chicco lief immer kurz hinter- oder neben uns, machte einen müden Eindruck und war sichtlich froh, als wir den Rundgang beendeten.

Bumm...bumm, wir erschrecken beide und rennen aus dem Büro, in dem wir uns gerade befinden, in die Küche. Da liegt Chicco auf dem Steinboden, er ist ohnmächtig. Sein Frauchen nimmt ihn auf, ruft panisch seinen

Namen, massier sein kleines Herz, es schlägt noch, aber ganz schwach. Nach einigen Minuten, die mir wie eine Ewigkeit vorkommen, beginnt Chicco wieder leicht zu atmen. Auch seine Augen sehen uns wieder an, er ist wieder zurückgekommen.

Chicco ist, wie wir vermuten, zwei Mal heftig mit seinem Kopf auf den Boden «geknallt». Wir sind schockiert und Sorge macht sich bei uns, wegen unserem Liebling, breit. Wir bekommen einen Termin bei der Tierärztin, welche uns darauf vorbereitet, dass wir uns langsam, auf das unvermeidliche Ende einstellen müssen. Chicco hustet auch schon einige Zeit, das kommt vom kranken Herz und er bekommt dagegen Husten- und Herztabletten. Was uns auch beunruhigt ist, dass sich Chicco immer wieder übergeben muss. Es kommt meistens nur Schleim und danach ist er immer down.

Nun versuchen wir mit allen denkbaren Tricks, dem Kleinen die verschriebenen Tabletten zu verabreichen. In verschiedenen Leberwurstsorten versteckt, in diversem Käse, Schinken, Eigelb usw., eingepackt, doch er spuckt die Tabletten, auch wenn wir sie noch so klein machen und gut verstecken, immer wieder aus. Mit Gewalt wollen wir ihm die Medizin nicht aufzwingen und beschliessen daher dem Ganzen seinen Lauf zu lassen.

Pfui, ist das grusig! Ich soll da Zeugs fressen, das hält ja kein Hund aus. Stinken tuts, auch wenn es noch so gut in Leckereien verpackt ist. Und wenn ich einmal etwas von dem Zeug, das meine Menschen Tabletten nennen, erwische, ist das so bitter wie, wie, ja wie was, ich kanns nicht beschreiben, so etwas musste ich noch nie schlucken. Pfui, ich weigere mich, ich schluck das nicht, nein, nein und nochmals nein!

Ja diese Anfälle. Sie werden immer schlimmer, und häufiger. Dazu kommt noch seine fortschreitende Demenz. Er steht im Büro in einer Ecke schaut vor sich hin und findet die Türe nicht. Er stolpert über die Türschwellen und wackelt bedenklich beim Gehen, oder er bleibt minutenlang einfach unbeweglich stehen. Er Kann auch nur noch einige Meter, zum Erledigen seiner «Geschäfte», vor dem Haus gehen. Er läuft im Schnek-kentempo, ist zu schwach, um sein Beinchen zu heben und sitzt beim Biseln ab, wie ein Hundemädchen. Die Treppe kann er schon lange nicht mehr allein runter und auch nicht rauf. Wir müssen ihn jedes Mal auf den Arm nehmen und tragen. Er hat sich daran gewöhnt und wartet jetzt schon immer darauf, dass er hochgenommen wird.

Doch, es ist kaum zu glauben, an seinen Eingespielten Ritualen hat er nichts verändert. Wenn einer von uns in der Küche Essen zubereiten, sitzt er daneben, meistens auch im Weg, wir müssen immer aufpassen, dass wir ihn nicht treten, und bekommt seine Läckerli, auf die er mit einer Engelsgeduld wartet. Wenn ich ihm vom Schweinefilet alles, was ich beim Vorbereiten abgeschnitten habe, separat anbrate, wartet er voller Vorfreude auf diese Leckerbissen. Ja, «Chicco weiss, was sich Hunde wünschen».

Hab ich Rituale gehört. Ja, ein richtiger Hund hat seine Rituale, auch wenn es ein kleiner Hund ist, wie ich einer bin. Also, mein Tagesablauf sieht so aus:

1. Ausschlafen.

2. Aufstehen und Wasser trinken, dann Frauchen und Herrchen begrüssen, oder umgekehrt.

3. Kaffee trinken, ä, fressen (Stängeli aus Trockenfleisch).

4. Mit Frauchen oder Herrchen Gassi gehen. Manchmal ist das auch Punkt 2.

5. Radiohören und dabei Nichtstun.

6. Meine Menschen daran erinnern, dass es langsam Zeit fürs Frühstück wird.

7. Mit den Beiden am Tisch Frühstücken. Es gibt Wurst, Käse und manchmal gelbes vom Ei.

8. Den zweiten Kaffee fressen.

9. Mal wieder Gassi gehen, möglichst eine grössere Runde, aber nur wenn's Wetter gut ist.

10. Ausruhen und Musik hören.

11. Einen Grösseren Spaziergang machen, oder zum Einkaufen fahren.

12. Frauchen oder Herrchen, je nach dem wer von den Beiden Küchendienst hat, darauf aufmerksam machen, dass die Zeit zum Kochen gekommen ist. 13. Nachtessen. Nachdem Herrchen und Frauchen fertig

sind, bekomme ich in meinem Futternapf immer etwas von ihrem Essen, zu meinen, in Wasser eingeweichten Körnchen (Seniorenfutter). Wenn ich den Napf leer habe, gibt's als Zugabe noch «lecker Körnchen»

14. Schnell noch mal runter zum Pipi machen.

15. Jetzt kommt der erste Höhepunkt des Abends, mein über alles geliebter Kau-Knochen, den ich meist von Papi bekomme und den ich am liebsten, auf meinem runden Teppich im Wohnzimmer, fresse.

16. Ich konzentriere mich auf die Wanduhr. Wenn der grosse Zeiger auf acht und der Kleine auf der drei steht, kommt das abschliessende «Highlight» des Tages, das Körnli-werfen und das geht so: Mami nimmt kleine Läckerli aus einer Dose, die ich fangen muss. Sie wirft eines Mal nach links, eines nach rechts, nach vorne, nach hinten und so weiter. Ich muss dabei Augen und Ohren ganz schön anstrengen, dass ich keinen der kleinen Leckerbissen übersehe, aber es lohnt sich, die schmecken fein, du musst sie mal probieren.

17. So, jetzt ist Feierabend, ich kuschle mich, meist eng, an Mami und wenn sie zu Bett geht, nimmt mich Papi auf den Arm und geht nochmal mit mir vors Haus. Nach erledigtem »Geschäftchen« darf ich dann zu Mami ins Bett. So geht der Tag zu Ende und ein neuer wird kommen, hoffentlich wird es ein schöner Tag.

So sollte es leider nicht kommen. Der Tag, der dieses Mal anbrach, wurde ein Tag, den ich nie mehr in meinem Leben vergessen werde.

Montag, 08. Mai 2023

18 Uhr

Der Tag ist da

Der Tag beginnt fast wie jeder andere Tag, doch es wird kein schöner Tag. Es wird wohl der schwerste Tag in meinem Leben. Es ist Montag, gestern Sonntag war ich mit Chicco vor dem Haus, er hat Pipi gemacht, konnte aber keinen Schritt mehr gehen. Am Abend wäre er fast wieder umgekippt und ohnmächtig geworden. Wir konnten ihn gerade noch halten und sein Herz massieren. Wir haben darauf beschlossen Chicco, so schwer es uns auch gefallen ist, von seinem Leiden zu erlösen.

Jetzt ist es 9.00 Uhr, ein Anruf in der Tierarztpraxis und wir bekommen einen Termin: Heute 18.00 Uhr. Ich habe zu nichts Lust, der Kaffee schmeckt nicht, die Zigarillos, die ich rauche, schmecken fad. Chiccos Frauchen sitzt neben mir, ihr geht's auch nicht besser, sie raucht eine Zigarette nach der anderen. Wir wissen beide was auf uns und unseren geliebten Chicco zukommt.

9.00 Uhr, noch 9 Stunden, 10.00 Uhr noch 8 Sunden, wir zählen die Stunden und Minuten. Chicco wackelt vom Büro in den Gang, wir springen auf, steht er noch, oder fällt er wieder um, er steht. Ich nehme ihn auf den Arm, streichle ihn, sage ihm wie lieb ich ihn habe und dass alles bald gut wird. Ich belüge mich selbst, es ist schlimm, ja grausam zu wissen, was er nicht wissen darf. Nichts ist gut, ich weiss, wo uns unser Weg heute noch hinführt, es ist sein letzter Tag in seinem Leben. Noch 7 Stunden, 6 Stunden, 5 Stunden, das Warten wird immer unerträglicher, wir spielen mit dem Gedanken, alles abzubrechen. Aber das wäre nur ein Hinausschieben dessen, was unaufhaltsam kommt, Chicco kann nicht mehr, er ist zu schwach, sein Herz mag nicht mehr, es schafft es nach fast 16 Jahren nicht mehr weiter, wäre doch dieser Herzfehler nicht. Wäre!

So schwer es uns auch fällt, diesen letzten Liebesdienst müssen wir ihm bringen, wir sind es ihm schuldig, dass wir ihn vor weiterem Leiden bewahren, von seiner Krankheit erlösen. Noch 4 Stunden, wir dürfen Chicco nicht anmerken lassen, was heute auf ihn und auf uns wartet, die Spritze zu seiner Erlösung. Noch 3 Stunden, das warten wird zur seelischen Qual. Chicco liegt teilnahmslos in seinem Nestchen. Sein geliebtes Frauchen ist bei ihm, streichelt ihn, spricht mit ihm, es ist zum Heulen. Mir graut vor dem was kommt. noch 2 Stunden, eine Stunde, noch 30 Minuten, Minuten die sich zur Unendlichkeit ausdehnen.

17.30 Uhr, es wird Zeit zum Aufbruch. Ich trage Chicco ins Auto, lege ihn ein letztes Mal auf den Rücksitz, und schnalle ihn an. Wir fahren los, keiner spricht ein Wort. Vor der Tierarztpraxis ist ein Parkplatz frei, wir melden uns an. Nochmals müssen wir warten. 30 Minuten lang, wir streicheln Chicco abwechselnd, reden mit ihm, als ob nichts Besonderes wäre, dann ist es so weit. Ich nehme

Chicco auf meinen Arm und trage ihn in einen kleinen Raum.

Chicco zittert, wie immer vor Angst, wenn er bei der Tierärztin ist. Wir streicheln ihn weiter und beruhigen ihn mit unseren Worten. Die Tür geht auf, die Tierärztin kommt mit zwei Spritzen. Sie erklärt uns ruhig, was jetzt mit Chicco geschieht. Zuerst bekommt er eine Beruhigungsspritze, dann die Todbringende direkt in die Leber.

Ich drücke Chicco ganz fest an mein Herz, drücke ihn auch an mein Gesicht und spreche beruhigende Worte zu ihm. Auch sei Frauchen spricht zu ihm. Es sind die letzten Worte, die er von uns, seinen geliebten Menschen hört. Er bekommt die erste Spritze, zuckt kurz und entspannt sich darauf. Ich halte ihn noch fester, erzähle ihm vom Hundehimmel, die Ärztin setzt die zweite Spritze an und Chicco erschlafft, Chicco ist von uns gegangen, ganz ruhig eingeschlafen, hinüber in eine andere Welt. Ich halte ihn Fest und sie streichelt ihn.

Die Ärztin verlässt den Raum und stellt es uns frei noch so lange bei Chicco zu bleiben, wie wir wollen. Sein Frauchen weint, ich kann nicht, ich bin unendlich traurig, mein bester Freund, unser bester Freund liegt in meinen Armen und kommt nie mehr zurück. Nie mehr sein Liebes Wesen, seine lieben Augen sein….

Wir öffnen das Fenster, damit Chiccos Seele ungestört hinaus und hinauf in den Hundehimmel kann.

Ich lege Chicco auf den Tisch, wir betten ihn auf eine Decke und decken ihn auch damit zu, so dass nur noch sein liebes Gesichtchen zu sehen ist. Wir bleiben noch einige Zeit bei ihm, dann verlassen wir traurig den Raum, verlassen unseren geliebten Chicco.

Ein letzter Blick auf seinen kleinen, leblosen Körper.

Leb wohl Chicco, wo deine Seele auch hingeht, ich werde dich stets in meinem Herzen Tragen

«und vergesse dich nie».

Wir haben Chicco kremieren lassen, seine Asche ist jetzt in einer Urne und ein Bild von ihm steht daneben.

Manfred A. Wagenbrenner
Jahrgang 1946

Geburtsort: Karlstadt am Main/Deutschland
Bürger von Oberlangenegg-Bern/Schweiz
Vater von zwei erwachsenen Kindern
Wohnt in Scherzingen/Schweiz

Ausbildung: Schulen in VS Schwenningen/ Deutschland
7 Semester Kunststudium, Meisterschüler von
Prof. Sigurd Merz in Stuttgart/Deutschland
2 Semester Vorkurs und 8 Semester Fachklasse
für Grafik unter Dr.h.c. Armin Hofmann an der
SfG Basel/Schweiz
Auszeichnungen bei Projektwettbewerben in
Deutschland und der Schweiz
Beruf: 6 Jahre Art-Director, verantwortlich für die
weltweite Werbung in einem Schweizer Konzern
Von 1978 bis 2010 Leitung der eigenen Werbeagentur
in Steckborn/Schweiz
Ausbildung von Lehrlingen

Heute befasst er sich mit Zeichnen, Malen und
Schreiben als freier Künstler

Weitere Bücher von Manfred A. Wagenbrenner:

Geschichten und Sagen vom Rhein
ISBN: 9783757851897

Geschichten und Sagen aus Unterfranken
ISBN: 9783755772873

Geschichten und Sagen vom Schwarzwald
ISBN: 9783753496900

Geschichten und Sagen vom Bodensee
ISBN: 9783748183778

Warom lachsch denn so sau-domm?
ISBN: 9783749471379

…von Geistern und Erscheinungen
ISBN: 9783752862454

Grossmutter erzählt…
ISBN: 9783848256617

Lasst uns singen, tanzen und springen
ISBN: 9783752661781

Schmetterling wo fliegst du hin
ISBN: 9783751934114

ups… Da ist der Wurm drin
ISBN: 9783739231747

Mal mal mit! ups... Da ist der Wurm drin
ISBN: 9783839147405

he... hetz mich nicht!
ISBN: 9783749448340

Biblisch gute Küche
ISBN: 9783741288395

Wo isst man was?
ISBN: 9783750488168

Wer lang lacht lebt lang
ISBN: 9783749408184

Steckborn historische Gebäude und Gassen, mit dem
Farbstift festgehalten.
ISBN: 9783741283222

Mal mal mit! Steckborn historische Gebäude und
Gassen
ISBN: 9783839148136

Weitere Informationen und Leseproben auf:
www.crewa.ch

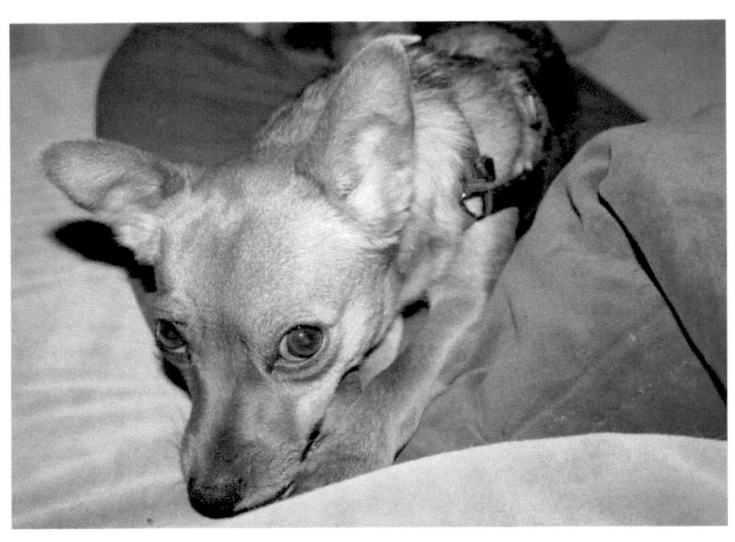

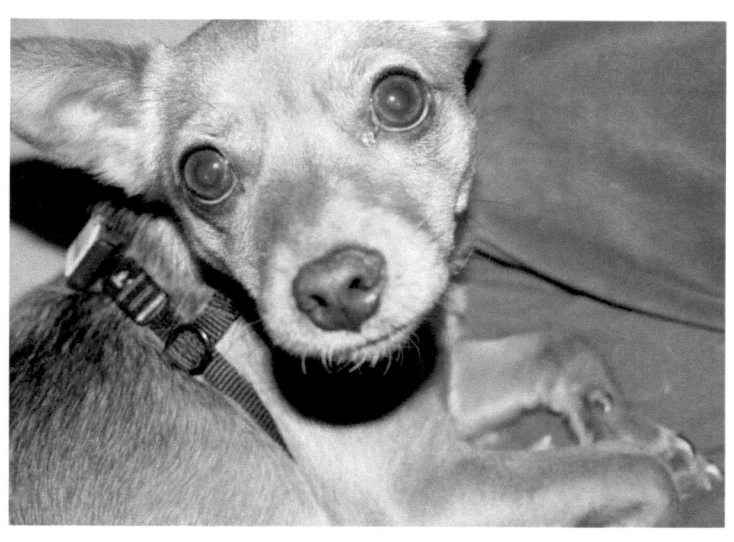